JN411481

# 불쑥

김수자 시집

시와사람

국립중앙도서관 출판시도서목록(CIP)

불쑥 : 김수자 시집 / 지은이: 김수자. -- 광주 : 시와사람, 2014
p. ; cm. -- (시와사람 서정시선 ; 039)

ISBN 978-89-5665-410-2 03810 : ₩10000

한국 현대시[韓國現代詩]

811.7-KDC5
895.715-DDC21 CIP2014030606

불쑥

## ■ 시인의 말

꽝, 소리가 나게 한 번 닫아보려 하다가
문틈에 끼인 상처
마음에도 살갗이 있어, 이렇게도 아픈걸까
빨간 머큐롬이라도 한 차례 발라보지만
상처는 쉬 아물지 않는다

끈질기게 붙잡고 떨쳐내지 못했던 생각을
가위로 싹뚝 잘라 내어도
생각은 생각끼리 붙들고 싶었던 걸까

엉겨 붙은 상처들과 생각들 위로
굳어있는 딱지 같은 기억들이
가끔, 아프다

2014년 10월
김수자

# 차 례

# 꿈, 정지, 그리고 2

## 3 기러기 우체국

## 나도 가끔은 남편이 되고 싶다 4

# 1

# 땅을 내어주다

# 말꽃

안녕하세요
좋은 아침입니다
늘 듣는 이 말도 꽃이 됩니다
언뜻 보면 멀고 낯설지만
연둣빛 새 아침의 향기가 납니다
날마다 처음처럼 살가운 설레임으로 다가온
참 정겨운 아침의 이 말,
말꽃이 핍니다

# 동반

태풍이 지나간 숲속은 상처로 얼룩져 있습니다

산길은 군데군데 파여 속이 드러나 보입니다

키 큰 상수리 한 그루 허리가 꺾이고 말았습니다

곁 나무에 간신히 제 몸을 기대고 서있습니다

큰 나무의 허리를 작은 나무가 받치고 있기도 합니다

상처가 상처를 동반하는 모습입니다

사람들이 살고 있는 마을도 숲 속과 다를 게 없습니다.

# 웃음

도무지 찾을 수 없는 휴대폰에게
전화를 걸었지요
소리나는 대로 따라가 보니 안방 옷장 속,
반가움에 달려가 꺼내들고
여보세요
여보세요
전화를 했으면 말을 해야 할 거 아니예요
화를 내며 거실로 걸어 나오니
집 전화기는 내려져 있고, 그 앞에서
남편은 정말로 어이가 없다는 듯
나를 쳐다보았다

그러다가 그이가  네게 들려준 이야기
그래도 자네는 나보다 덜하네
택시를 탔는데
내릴 때가 되었는데 친구에게 전화가 왔어
오른손으로 전화기를 들고 있어서
지갑을 꺼내기 위해
왼손을 주머니에 넣는 순간, 아차

있어야 할 휴대폰이 없는 거야
택시는 이미 저만큼 멀어져 가는데
친구야 빨리 전화 끊어라
휴대폰을 택시에 두고 내렸나구나

오랜만에 우리 부부는 데굴데굴 구르며
실컷 웃었더랍니다.

# 트럼펫 꽃

언덕을 내려가면 세 골목 아랫집
늘 대문이 열려있는 그 집 담장에 핀
그 꽃을 만난 건
한 보름쯤 전이었다
'아 이거요? 트럼펫 꽃이에요'
올려다보기만 했을 뿐인데
그 집 안주인인 듯한 그녀는
물에 담가놓으면 금세 뿌리가 내린다며
곁가지까지 잘라 주었다
꽃을 닮은 목소리는 얼마나 상큼발랄한지
튕길 듯 가을 햇살에 실려온 트럼펫소리가
송이송이 꽃 넓이로 울려 퍼진다
지상에서 천상으로 가는 가을빛 맑은 울림은
오랫동안 닫혀있던 내 소리의 결을 열어주었다
그녀의 꽃,
그녀의 말,
마음 놓고 나를 열 수 있는 투명한 소리의 무늬였다

# 오래된 나무 이야기

오래된, 나무 이야기,
그것은 당신일 수도 다른 누군가일 수도
시간일 수도 역사일 수도
관심일 수도 무관심일 수도
내면을 들여다보는 거울일 수도 있었던

국물을 우려내는 내내
오래된 이라는 말을 중얼거렸고
시간에 쫓겨 일찍 불을 끄는 바람에
깊은 맛이 느껴지지 않는 오늘처럼
너무 오래거나 너무 이르거나
제 맛을 낼 수 없다는 점을 생각하면서

반월리 동백나무의 오백 년 시간들을 헤아려보는네,

혼자 살다 세상을 뜬지 한 달 만에 발견된
어느 노인의 죽음이 떠올라서
오래 무관심하다거나 쓸쓸하다거나
그래서 하루가 백 년 같다거나.

# 올해도 과꽃이 피었던게지라

과꽃이라는 말 들어 봤지라
환승역이라곤 없는 게 삶이었지라
시들어 먼 길 떠나야 할 직전에
단 한 번의 환승꽃으로 폈다가 지는게지라
마당을 쓸다가 문득
떨어진 잎새들 사이로
고개를 드는 그리움도
때가 되면 멀어졌지라
말끔히 쓸어낸다는 말은 이런 때
쓰라고 있었던 것 같지라
나는 자꾸 시드는데
마당 끝 서성이던 어둠 속으로
전화 한 통 할 곳 없던 밤은
못내 쓸쓸했지라
지나가는 바람 한 줄기에도 화들짝 반가워지는
내 마음의 꽃잎이 그러했지라
그냥 그러고, 그랬던 게지라.

# 봄이 오는 까닭은

소호의 봄에는 아직 겨울의 기미가 살고 있었지만
소제마을 밭둑으로는 유채꽃들이 피어 오르고
돌아보면 벌써 저만치 가 있는 계절이
내게는 몇 번이나 더 남았을까 생각하게 하는데
마음속에 웅크려 있는 미움 하나 지웠으면 싶어져서
받은 만큼 돌려주어야한다고
벼르고 별렀던 갈망들이
노란 꽃빛으로 흔들리는 시간 속에 서있어 봅니다
그렇게는 소호의 들길입니다
작디작은 풀꽃 한송이도 제 모습으로 피어 납니다
나도 누군가의 이름을 한번 불러 봅니다
언덕의 유채꽃들이 몸을 흔들어 댑니다
지난 겨울의 바람을 가슴에서 꺼내어 버렸기에
나를 비워내지 않고서는
무엇으로도 봄이 오지 않는 까닭입니다.

# 땅을 내어주다

부엽토와 마사토 한 자루씩 사고
야산 밑의 흙도 파와서
방울 토마토 상추 오이 고추 들깨 밭을 마련했어요
한 뼘 자투리땅도 지닌 게 없다가
플라스틱 박스며 재활용 그릇 안에
풋것들 모종하는 아침
그 앙증맞은 연초록 탱글탱글한 꿈들에게
한 뼘 내 땅을 내어 주고
더 이상 둘 데 없던 기다림은
허공에 심었습니다.

# 돌에 관한 명상

하늘 먼 곳 아득히 빛나고 싶었던
저마다의 별이었는지도 몰라
강의실 앞 작은 화단에 담긴 자갈들
사월 봄볕 아래 나른한 오후의 기지개를 켜고 있다
작은 몸짓에도
달그락 달그락 부대끼며
보이지 않는 속셈으로
몇 몇은 먼 길 떠나기도
더러는 바람 부는 길가에 깔려지기도 했지만
저마다 우리는
별이 되고 싶었는지 몰라
깨지고 부서진 바람의 시간을 건너와
몸 부벼 주고 간 파도의 흔적을 가만히 다독이고 있다
고만고만한 아픔의 상흔들로
제 모양 제 빛깔로
같은 것은 하나도 없어

어디선가
차르르 차르르 맑은 물소리 들려올 것 같아.

# 사선 하나

사선 하나
이 조그만 빗금 하나가 한세상을 열어줄 줄 몰랐지요
아무리 두드리고 흔들어도 꿈쩍하지 않던 문을
한순간에 열어젖히는 힘은
알고 보니 아주 작은 것이었지요
제 틀 안에 갇혀 보이지 않는 행복과 불행
이승과 저승을 가르는 것도 이 작은 빗금 하나가 아닐런지요

문우가 알아낸 주소 끝에 / 을 치면 창작방이 열린다는 메일
http://210.96.48.130/~beshin......http://210.96.48.130/~beshin/

그랬어요
빗금 하나가 그렇게 세상을 닫아걸고 바깥을 몸살나게 했군요
빗금 하나로 많을 것들을 덧붙이기도 하고 털어내는가 보군요

아침 일찍 베란다 문을 여는 것도 빗금 긋는 것인지도 모릅니다
안과 바깥의 소통이지요

수직과 수평도 아닌 이쪽과 저 쪽의 나눔이면서 만남인
비스듬한 생각,
어쩌면 그대와 나의 사이에도 사선 하나 놓여 있는지도 모르구요.

# 정육점 앞 벚나무

그러니까,
아파트 상가 일층 책 대여점이 있던 자리
정육점이 들어선 지 며칠 만에
벚나무의 목이 감쪽같이 사라졌다
그늘 무성한 나무 잎새들 사라졌다
무슨 일이 있었을까
잊지않고 안부를 물어주던 벗처럼
위안이 되어주던 나무
나무는 얼굴을 잃고 몸통으로만 서서
겨울을 나고 있었다
가슴에 대못이 박혀
'토종 한우 잡는 날'
현수막을 달고 있었다
상호를 가린다고 투덜대던 정육점 사내는
나무의 목을 사정없이 잘라 버렸다
그 아래 꽃등심을 진열해 놓고
토막낸 벚나무 잎새들의 그늘을 팔고 있었다

세상에!
사라진 줄만 알았던 벚나무의 목이
정육점 앞의 벚나무가
두 개나 되는 목과 얼굴을 다시
내밀기 시작하였다
여린 줄기 끝에서
환하게 꽃을 피워내고 있었다.

# 바위꽃

그 꽃
바닷가 바위에 핀 그 꽃
사도에도 모사금에도 핀 그 꽃
벼랑처럼 세상을 움켜쥔 뿌리의 힘으로
눈 닿는 곳이면 달려가
그곳이 내가 있어야 할 곳이라고 터를 잡은 그 꽃
파도의 날에 할켜지고 거센 바람의 통증에도
묵묵히 연민의 꽃을 피우는 그 꽃

아름다운 관계*란 그런 것이라고
도무지 침묵할 줄밖에 모르는 벼랑의 그 꽃

제 꽃잎을 다독다독 다독이고 있는 당신,
전생의 업이 그리도 크셨길래
주근깨투성이 꽃잎 아프게 피우셨는지
다음 생에도 바다의 물꽃으로 피어올라
마른기침 같은 꽃잎으로
오렌지 빛깔의 아침을 비쳐주고 있을 것만 같은 그 꽃.

* 박남준 시인의 시 제목

# 꽃들에게 미안하다

"누나 못해줘서 미안해, 사랑한다. 엄마한테도 전해줘, 나 아빠한테 먼저 간다"

민들레야 비비추야 연산홍아 찔레꽃아. 춥고 캄캄한 순간에 갇혀서도 바깥을 걱정하는 아이들아! 미안하다. 생사조차 가늠할 수 없다는, 차마 눈물도 흘리지 못한 채, 망연히 바다만 바라보다 만 뉴스가 미안하다. 국회의원과 장관들과 또 누구와 누구가 현장에 다녀갔다는 말이 미안하다. 모래알을 넘기는 것 같으면서도 밥을 삼켜서 미안하다. 아무 것도 해줄 수 없어 너무 너무 미안하다. 너무 많이 미안해서 미안하다.

# 바람의 혀

무슨 말로 문을 열까요
늘상 하는 그런 말 말고
내 맘을 단박에 알아차릴 얇은 말 말고
한번도 꺼내보지 못하고 아껴둔 말
그리움의 빗장을 단번에 무장해제 시키듯
온 몸의 솜털들이 일제히 일어서던 말
차마 부칠 수 없어
가슴 속 깊이 봉인해버렸던 말

민들레 홀씨처럼 날아 올랐어요
달빛도 숨어버린 옥상에 올라
온몸을 바람에게 맡겨 보았어요
달콤하고 부드러운 바람의 입술이
휩쓸고 지나갔어요
처음으로 알았지요
바람의 혀를

순한 양의 솜털처럼은
사자의 힘센 갈기처럼은.

표범의 날랜 발톱처럼은
그 혀가 속삭여 줄 때

부드러운 희열과 환희
한 올 한 올 머리칼마저 일깨워 주는
아득히 먼 고대의 사원을 거닐게 하다가
원시의 숲속 안에 머물게 해주었어요

별들도 탄생하기 이전의 공간을 떠돌다
이윽고 당신의 영혼을 나의 두 손에 불러들여
한 없이 한 없이 어루만지게 해주었던 밤이었어요.

# 겨울꽃

견딘다는
말 속에는 고통의 향기가 있다

마래산 형제무덤 오르다
무성한 소문 날아와 쌓인,
손바닥 만한 터를 제집 삼아 피어난
한겨울 풀꽃들을 보면
겨울을 견디는 힘은 무엇인지
속 뜨거운 것을 쏟아내지 않으면 안 될
간절한 그리움은 또 무엇인지
아픔은 아픔으로 견딘다고,

씨앗처럼 묻힌 말
오소소 소름 돋는
겨울 꽃, 고요한 통증

기억조차 희미해진 이름들
불러주는 이 없이 아득한 그날의 이야기를
가만 가만 풀어놓고
겨울 속 겨울을 견디고 있었는데.

# 2

# 꿈, 정지, 그리고

# 퍼즐 맞추기

나비를 채집하듯
혼란스럽게 날아다니는 모음과 자음들을 찾아
표본 판에 핀을 꽂듯 키보드를 두드려 본다
나비의 날개 같은 유려한 문장은
자꾸만 파삭파삭 부서져 내리거나
먼지처럼 한 순간에 흩어져 버리곤 한다
말라비틀어진 식상한 문자들이
컴퓨터의 화면에 갇혀 아우성을 친다

홀로 자음과 모음의 퍼즐을 맞추다보면
문장이 되지 못한 내 안의 상처투성이 말들이
혀 짧은 소리로 내며
안타까운 시간 위를 서성거린다.

# 리얼리스트

문우들과 함께 리얼리즘에 대해서 열띤 논쟁을 벌이다가, 문득 오랜 전 개업 선물로 들어왔던 행운목 화분을 떠올려 보았다

무성한 잎사귀가 보기에 좋았는데, 얼마 지나지 않아 시름시름 앓다가 누렇게 시들고 말았다. 화분을 엎어보니 실뿌리 몇 가닥 돋아난 꽃나무를 눈가림으로 묻어 놓았다.

이제 겨우 시의 실뿌리가 돋아난 나에게, 리얼리스트도 계보도 줄도 곁도, 본질의 문제는 아니었다.

뿌리없는 몸뚱이를 아무리 흔들어 주어도 아직 푸른 잎사귀가 돋아날 리 없는, 그래서 나는 리얼리스트임에 분명하였다.

# 發芽

고속촬영의 화면처럼
오래 닫혀있던 몸이 한순간에 열리고
숨죽여 웅크린 저 깊은 방으로부터
터질듯 물오르는 소리가 들렸지
그 소리 따라
단단한 껍질을 뚫고
처음의 움이 솟구치고
금세 잎이 나고
꽃눈이 맺힐 듯
한꺼번에 터져 나오던 포효였어
폭발할 듯 솟구치는 함성 같았어

그 밤의 빗소리가,
겨울을 지난 봄비였던 것 같아

처음 본 나무였어
우뚝 솟은 기둥이 맑고 싱그러웠어
키가 큰 근육질이 굵고 미끈했어
그 나무에 기대어 가만가만 들려주는

숲의 이야기를 들었지
금세 오색의 꽃잎들이 팡팡 피어났지
아픈 자리 아물고 새살 돋게 하던 그 숲의 나무는
내게 단 한 번의 절정을 피워주었지.

# 꿈, 정지, 그리고

북페스티발이 열리고 있는 장소였다. 첫 문을 들어서자, 다섯명의 배우가 얼굴에서 뒷통수까지 심지어는 뇌 속까지 빼곡하게 문장을 새겨 넣고, 이야기 속의 의미들을 표현해내고 있었다.  그 다음에 자리한 부스를 들여다 보는 순간, 이야기 속의 주인공이 갑자기 나를 나꿔채어 소설 속의 한 문장으로 새겨 넣어 버렸다. 나는 시나브로 문장이 되었다. 끝도 없이 이어지는 부스 안의 풍경들 속에서 전혀 새로운 황홀감을 맛보기도 하였다. 시간이 흘러 돌아가야겠다는 생각이 찾아 왔지만, 미로같은 부스 속을 빠져나오는 일이 결코 싶지 않았다. 한참만에야 밖으로 나오자 어둠 속으로 달려오는 택시가 한 대 보였다. 얼른 뒷 좌석에 올라타 기사에게 집으로 가는 길을 일러주었지만 그는 내 말을 잘 알아 듣지 못하는 것 같았다. 택시는 한참을 달리다가 나를 다음 책 속에 내려놓고 가버렸다.

무시무시한 추리소설은 겉 표지부터 온통 검은 색이었다. 누군가 나의 심장을 향하여 총구를 겨냥하는 순간, 비명을 지르며 꿈에서 깨어나고 말았다. 꿈이어서 얼마나 다행이었는지 모른다고 생각했지만, 평정을 잃은 내 의식은 이미 벼랑 끝 같은 한 페이지에 갇혀 있는 것 같았다.

O. L

그 속에서 영원히 돌아오지 않았으면, 결말이 나지 않는 이야기가 끝없이 이어졌으면, 정지된 화면 속에서 움직임이 거세된 나의 모습을 바라보며, 정지된다는 일은 한편으론 무언가를 견디어 낸다는 방식의 또 다른 기법일 수도 있었다.

# 권태

"천정에서 바퀴벌레 몇 마리가 우글우글 기어 다닌다"라고 썼다가, "천정의 바퀴벌레들이 떼몰려 기어 다니다가 몇 마리는 방바닥으로 떨어졌다"로 고쳐본다. 그러자 바퀴벌레들이 우르르 내 몸을 향해 기어올랐다.

하필 이런 생각을 해보는거지? 의문이 들었는데, 그건 기다림이 기다림 너머의 기다림에게로 이르게하는 키워드일 수도 있을거라고, 아니라면 너무 오랜동안 그리움이 몸속을 기어 다닌 증거일 거라고, 불안이거나 종종거림일 수도, 혹은 눈에 보이거나 손에 잡히는 것만이 사랑이라 믿었던 내게, 꿈틀거리며 지나간 새로운 사랑학일 수도 있었다고, 갈피로 쌓였다가 사라지는 바람의 뒤태를 한참이나 지켜보았던 거라고.

# 횡단보도에서

안개 끼어 흐린 날
남루한 차림의 한 사내가
새빨간 장미 꽃다발을 들고 게슴츠레하게 서있다
녹색 신호등이 몇 차례 깜빡이도록
건널 듯 발걸음을 떼지 못하고 흔들거린다
자동차들은 멈칫멈칫 멀찌감치 돌아가고
나도 따라 지나간다
백밀러에 따라와
아직도 내 곁에 서성이는 그 사내는
어디를 가려던 것이었을까
어느 길 모퉁이를 돌아와 거기 흔들리고 서있었을까
때로는 가로질러 가고 싶던 날이 있다
안개 짙은 길을 돌아온 오늘은
그리운 맘 가로질러 그대 곁에 서성이고 싶다

# 파꽃이 피었어요

해도 들지 않는 뒷 베란다
검은 비닐봉지 안에서
팽개쳐진 것이 서럽다 못해
물기 지운 하얀 속살 꽃대로 밀어 올려
오늘 아침
파꽃이 피었어요

제 딴에는 오기가 났던 게지요
타는 속 피워내느라
창백하다 못해
얼마나 하얗게 질렸던지
파꽃에선 파 냄새가 나질 않아요

텅 빈 삶의 끝 닿는 곳에서 피워낸
파꽃의 향기는
살 냄새 같기도 눈물 냄새 같기도 해
꽃을 피운다는 것은
나를 버릴 때 비로소 나를 만나는
가슴 아픈 일임을

제 스스로 뜨거워진 파꽃 곁에서
그녀의 하얀 향기로 알았습니다.

# 호호호

겉만 보고는 몰랐지요
몸통도 단단해 보이고
키도 훤칠하니 잎들도 널찍널찍
무수한 꽃송이들 피어나서
지난밤 폭우에도 끄떡없더라구요
마주칠 때마다 두근거리며 설레었지요
꼴깍 군침을 삼키며
은근히 기다렸지요
어서 빨리 자라거라
쏘옥 머리를 내밀던 날은 얼마나 흥분이 되던지
열심히 돌보고 영양제까지 주었지요

이게 웬일인지요?
처음엔 약간이나마 크는가 싶더니
몇 날이 지나도 그 모양 그 시늉인지라
아무리 채근해보아도 속수무책
나중에는 아예 고개 숙인 채 자꾸
꼬부라들지 뭐예요

내 참, 기가 막혀서
그놈이, 날마다 정을 퍼부은 그놈이 말이지
겉모습 멀쩡하던 그놈이 말이지
알고 보니 짜리 고추.

# 살균법

바람나기로 했어요
눈에 띄게 가을빛 물드는 가로수를 지나
화양길 그 바닷가 멀리에도 가을이 출렁이고 있었지요
억새꽃 하얀 웃음 따라 쑥부쟁이 도란거리며
실바람 간간히 풀잎 겨드랑이 간질이는
들길 따라
낯익은 마을 풍경이 조용히 가슴에 들어와 앉는
가막만 횟집에 들어 갔어요
조금은 투박해 보이는 젊은 주인의 운치
들꽃과 풀잎을 곁들인 커다란 회 접시를 가운데 두고
어머나!
젓가락 드는 것도 잊은 채
가을 속에 빠져들다
그냥 가을이 되어버렸지요

일상으로부터 모반을 꿈꾸었던
그런 날이었을 거예요
몸 구석구석에 웅크린 눅눅한 생각들을
포말처럼 쏟아지던 가을 햇살 속에서
잠시 헹궈내어 보았습니다

# 가을 편지

계절이 잘 다려 입은 와이셔츠 차림으로 서 있습니다

그에게 안기고 싶은 마음은, 차마

구겨질까 그만두었습니다

오늘은 누가 나를 번쩍 들어다가

산기슭 흐르는 맑은 물에 첨벙 담구어

비벼 빨고 헹구어서

햇살 속에 뽀송뽀송 말려주면 좋겠습니다

기다리다 주름진 생각들 스스로 펴지기를 바래 봅니다

그리움을 개켜 서랍 속에 넣는 일로

가을이 흘러갑니다.

# 방을 구합니다

나무도 풀잎도 눈감아주는
바람도 쉿, 입 다물어주는
숲 속의 외딴 방이면 좋습니다
나무 같은
꽃 같은
풀잎 같은
바람 같은
햇살의 방

잠깐 잠깐
세월의 무릎 베고 쉴 수 있는
방 한 칸을 구합니다.

# 詩

한 번쯤은 시가 되어
벌떡 일어섰으면 좋겠어요
새벽이면 저절로 일어선다는
그것이 되어도 좋겠어요
그 시를 읽다가
그만 까무러쳐도 좋겠어요
그 시를 껴안고
남강이건 동강이건
훌쩍 몸을 던져도 좋겠어요.

# 그 여름의 단상

1. 기일

일흔일곱 구비져온 막다른 세월을 예 두고 가셨지요
그 작은 몸 어디에 그리 많은 물을 담고 계셨는지요
아마도 당신 전체가 강물이었던가 싶게
흘러넘치던 그해 여름
어머니의 강물은 아득한 슬픔으로 출렁였지요.

2. 매미

파키라 나무가 서있는 거실이 숲으로 보였던지
이른 아침 매미 한 마리
방충망에 한바탕 신나는 울음을 쏟아놓고 갔습니다

3. 시의 꽃

가랑코에 꽃을 비 맞히면 좋겠다 싶어 공연히
내놓았다가 폭염에 몽땅 녹여버렸습니다
나는 요즘 물 조절도 잘 안 되고
멀쩡하게 잘 자라던 걸 손댔다가 낭패를 당하곤 합니다

더 우세스런 일은 시들시들해진 채로 버려져
눈길 한 번 주지 않았던
거실 구석의 풍란이 꽃대를 밀어 올린 일입니다
누군가를 무언가를 위한다는 일은
그 자리에 가만히 놓아두는 것인가 봅니다
꽃을 피우는 일도 한 자리에 오래 머무는
일인가 봅니다
참아내며 견디는 그런 일인가 봅니다.

# 딸에게

–정형외과 병실에서

아프게 몸을 열어 너를 세상에 내보던 날
처음으로 나는 네게 엄마라는
이름을 불러 보았었지

어느 새 다 커서
저만치 멀어져가는 너의 뒷모습에
왠지 눈물이 났던 날도 있었지

선천성 기형으로  아파하던 왼쪽 발에
뼈 일부를 잘라내고 철심을 박던 날

스무 살 어린아이가 되어
내 품에 안겨오는 너를 닦아주면서
안쓰러운 한편
행복한 마음이 들기도 했어

하얀 옷을 곱게 입혀
유모차인 듯 휠체어를 밀며

병원 옥상 정원에 나서니
밤하늘 멀리 아득한 새색시 적의
별이 떠있었다.

# 봄 도달이국을 끓이며

간밤에 잔뜩 움추렸던 꽃잎들,
꽃샘 바람에도 아랑곳없이
제 숨결 다독여 조심스레 문밖을 기웃거리고 있어요.
누군가 꼬옥 안아줄 것 같은 포근한 햇살에
금방이라도 일어설 것 같아요

나도 꽃잎을 닮아 자꾸만 자꾸만 달뜨는 마음
이른 아침부터 부지런을 떨었어요
꽃게, 낙지, 새조개, 도다리, 쑥, 냉이…
새벽시장 바구니 한가득 담아왔어요
오늘 아침 메뉴는 '봄 도다리 쑥국'이예요

…맨 처음 삼중바닥 스텐 냄비에 다시물을 붓고 된장을 약간 푼 다음 마늘을 칼손잡이 끝으로 콩콩 찧어 넣고 물이 팔팔 끓으면 잔손질해 놓은 도다리 두 마리를 넣어요. 한소끔 끓으면 맑은 물에 살살 흔들어 씻어놓은 쑥 한 웅큼 대파 숭숭 썬 것 팽이버섯 약간을 보기좋게 둘러얹고 보글보글 끓이세요

그런데 쑥은 살살 씻어야 해요 봄향기가 달아나니까요. 된장도 약간만 풀어야 해요. 많이 풀면 텁텁하게 봄의 제 맛을 가려버리거든요

봄 냄새 물씬한 아침 식탁에 당신과 마주앉아
'봄도다리 쑥국' 한 그릇 먹으면
겨우내 웅크린 속 갈피갈피마다 봄의 새순 새록새록 돋아날 거예요
늦겨울 바람이 제아무리 샘을 부려도
입 안에서 온몸으로 피어나는 봄은 어쩔 수 없을 거예요.

# 경도* 소묘

바닷가 빈 집으로 이사를 하겠어요
마당가에 모과나무 한 그루를 심고
그 아래 둘이서 나란히 앉을 수 있는
긴 나무의자 하나 들여 놓겠어요
텃밭도 조그맣게 만들고
마당에는 들꽃 가득 심어
아침마다 나무의자에 앉아 그 꽃들에게
말하는 법을 전하겠어요
텃밭에 꼬물꼬물 커나오는 채소들 보며
그대 향기 가득한 커피를 마셔야죠
아참, 그대만을 위한 공간
'그리움'에게도 한 자리 잡아줘야겠죠
어디가 좋을까
젊은 날 훌쩍 건너 뛴 자리,
오래 비워둔 마음속이어도 좋겠군요
누군들 찾아오면
파도소리 깃든 경도 한 잔쯤
따숩게 건네주어야 하겠지요.

*여수 앞바다에 있는 고래를 닮은 작은 섬

# 쓸쓸한 날의 스케치

좀처럼 보기 힘들다는 흰 눈이
올 겨울엔
이곳 여수에도 자주 내렸다
날리는 눈발들이
언뜻 희망이라는 단어를 떠올리게 했으나
쉬이 풀릴 기미를 보이지 않는 얼어붙은 겨울 강
관계를 놓아버린 마른 잎 몇 장으로
발등을 덮고 선 나무는
은성했던 지난날을 그리워하기라도 하는 걸까
제 안에 들어와 무늬가 된 겨울바람의
흔적을 털어내며
잔가지의 끝이 자꾸만 떨고 있다

너와의 관계에도 봄은 다시 오려나
어디선가 비롯된
담장가의 노오란 개나리 꽃눈!

# 汝自島

온통 어둠뿐이었죠
사방이 가로막힌 침묵의 바닥에
색깔없는 어둠 외에는
아무도 보이지 않았고
아무 것도 기억할 수 없는
아무런 감정의 느낌도 없는
완벽한 혼자
그러다 문득 너에게 가야 한다는 생각에
온몸을 열고 밀물이 들기 시작했지요
이내 숨이 차기 시작했어요
아, 손가락 하나 들어 올리는 무게마저도
온 세상을 떠받치는 듯한 힘겨움
목멘 시간의 아득함과 어둠사이로
가느란 빛이 스며드는 찰나
눈을 떠 한동안 허공을 응시하다가
차츰 낯익은 풍경에 안도의 숨이 내쉬어지던,
천천히 일어나 커튼을 젖히니
먼 바다 수평선으로부터 통증같은 노을이 달려들었죠
여기는 분명 꿈속은 아닌 것이겠지요.

# 3

# 기러기 우체국

# 가만히 천천히 오래오래

어쩌면 이 말들은 같은 말이지

하얀 편지지에 푸른 잉크빛 사연을 적어 캄캄한 밤길 감나무집 담장을 돌아 나와서 불쑥 던져놓고 달아난 까까머리 중학생 오빠의 편지라거나 밤새워 쓴 풋사과 같은 연서를 빨간 우체통에 가만히 넣을 때의 그 설레임이라거나 달빛 따라 걸어 간 시냇가에서 부끄러워 얼굴도 제대로 못 들고 열 발짝은 떨어져서 가슴만 콩닥이다가 아무 말도 못하고 돌아오던 그때 같았던.

# 채소와의 아침

새떼들이 몰려와 재잘거리는 소리로 아침이 열렸습니다. 날마다 풍성해지는 텃밭에서, 파프리카는 허리가 휠 만큼 자랐고, 방울토마토들도 앙증맞은 모습을 드러냅니다. 그새 외꽃도 덩달아 피어났군요.

같은 날에 모종을 했는데도 가지는 이제야 꽃망울을 펴 보이고, 오이도 꽤 오랜 침묵 끝에 덩굴손을 내밀어 지주목을 기웃거리는군요.

하, 어디쯤 왔을까. 채소들도 저마다 자신들의 때를 아는지, 순서가 엄정합니다. 나는 꼰지발을 세우고 안개가 잔뜩 밀려와 흐릿해진 아침의 창틀을 닦아내어 봅니다.

# 민들레

보고싶다고보고싶다고하고싶어졌다가싸하게아파오는 뒤끝같이는너로인해내가처음맡아본바람냄새같기도하고 허공이라는말같기도해서는어쩌면정말그날같기도하는.

# 못난 슬픔

화상들을 보면 대개 재수가 있는지 없는지, 섹시한지, 기가 센지 약한지, 재물이 붙을 상인지, 지적인지 아닌지, 나름 보인다는 친구가 있었다.

도무지 나에겐 그런 능력이 주어지지 않아서, 한 번도 누군가를 읽을 수가 없었지만, 읽으려고 벼린 적도 없었지만,

방울토마토 잎을 죄다 갉아먹은 민달팽이를 잡아내야 할 것인가 말 것인가. 고추밭에 올라오는 괭이풀을 몽땅 뽑아내야 할 것인가 말 것인가.

달팽이들의 운명 앞에서, 괭이풀의 절체절명 앞에서, 때로는 솎아주고 뽑아내야 할 것들도 망설이고 머뭇거리던 나는,

오늘 아침 내 마음을 죽을 만큼 아프게 한 사람의 전화도, 내가 먼저 서둘러서 끊지 못하고, 끝까지 입술을 매만지며 참아주고 들어주고 있는, 내 안에 들어있는.

## 불쑥

하루하루 사는 것이 모두 리허설일지 모른다는,
고단하고 쓸쓸한 상처의 시간들도 통증같은 그리움의 날들도
어쩌면 리허설이라는,
연초록 잎사귀를 흔드는 햇살의 음표였다가 바람의 옹이였다가
강 깊은 바닥이었다가 외롭게 흔들리는 풍경이었다가
의자에 남겨진 일분 일초의 온기일 거라는
커피 잔에 남은 루즈자국일 거라는
마지막 한 순간의 피날레를 위한 리허설일지 모른다는,
불쑥, 그럴거라는.

# 고인돌
– 몸의 신호

오래 잠들어 있었다고
본능을 눌러놓고 오래 잠들어 있었다고

몸이 아프다고 신호를 보냈다는 건
아주 깊고 간절하고 사려 깊은 일이에요
어떤 몸은 의뭉스럽거나 깊이가 없어
끝끝내 신호를 보내주지 않는 적이 많아요
제 무덤에 저를 묻으면서도
제 몸조차 연민을 하지 않는 차가움도 있어요

하얗게 질린 어둠이 놀라
후닥닥 뛰쳐나간 흔적들이 많아
소문내지 말라고 꾹꾹 눌러둔 무거운 말들이 많아

나를 눌러, 오래 잠들어 있었다고.

# 바람의 힘

문득 한밤중에 바다를 보고 싶었을까
차를 몰아 가사리 들녘 끝까지 달렸지만
풍경속의 풍경은 온통 검은 색 뿐이었다
돌아오려고 시동을 거는 순간
운전석이 기울었다 싶어 내려보니
멀쩡했던 오른쪽 앞바퀴가
반이나 주저앉아 있었다
심장이 쿵하고 울리는 것만 같아
오지 않아야 할 곳에 왔던 것일까
머릿속이 하얗게 비워지는 것 같았다

사실 낮부터 수상했다
브레이크 등이 나갔다고
오토바이 사내가 일러준 순간부터
심상찮은 바람의 경고였던 게 분명했다
언젠가는 한 번은 주저앉고 싶을 때가 있다고
희망이 없어 절망도 없는 이 길을
한 번쯤 펑크 내고 싶을 때가 있다고
기억마저 하얗게 지워버리고 싶을 때가 있다고

제 안에 불어 닥친 바람의 무게를
바퀴보다 내가 먼저 견디지 못한걸까

세상은 바람의 힘으로 달리고
세상은 바람의 힘으로 주저앉고.

# 나비의 운명

광장 앞 보도블럭을
나비가 기우뚱거리며 걸어간다
무늬 고운 작은 나비다
힘에 겨운 걸음
가끔 날아오르려 안간힘을 쓰지만
몇 번의 비상을 시도하다 그만 주저앉고 만다
바람의 방향을 잘못 탄 걸까
가던 길 멈추고 쪼그리고 앉아 자세히 들여다보니
작은 날개가 온통 상처투성이다
무슨 사연으로 저렇게 무참하게 찢겨진 것일까

울컥 뜨거운 덩어리가 치밀어 올랐지만
돌아설 수밖에 딱히 해 줄 일이 없었다
어쩌면 그 때문이었을 거다
나비의 운명
밤새 슬프고도 아픈 꿈길을
나 또한 오래고 길게 헤매었던 것은.

# 독백

가끔
이렇게 조바심 날 때가 있어요
보고 싶다는 마음이 들면
머리끝에서 발끝까지
불 지핀 아궁이 되어
방구들을 통과하는 뜨거운 기운처럼
온몸을 달아 올리는 화로가 되어,

그래요
되도록이면
본능의 욕망은 말고
맑은 바람과 하늘의 새소리를 드리우고
싶었어요.

# 기러기 우체국

뱀처럼 아가리를 벌리고 달려드는
시간의 모가지를 비틀어 껍질을 벗겨라!'

사월의 문을 열면
그대에게 가는 길이 있을 거라 믿었습니다
봄날의 바다는 잔잔했습니다
포구가 보이는 우체국
야생화가 피어있는 계단에 앉아 편지를 씁니다
붉게 익은 보리수 열매 한 알을 입에 넣고
햇살을 받아 빛이 나는 잎새들 같은
새콤달콤한 그리움에 관하여 말하고 싶었습니다
뚝뚝 떨어져 뒹구는 붉은 동백꽃길에서는
문득 오래된 그날이 생각났습니다
생목숨 뚝뚝 떨어지던 선착장,
꽃송이가 모두 짓이겨질 때까지 이어졌던 군화발소리,
아직도 산발을 날리며 튀어 오르는 물소리들과 더불어
이야포 해변의 몽돌이야기는
남아있는 사람들의 슬픔으로 뒹굴고 있었습니다

피비린, 그날을 바다에 묻고 사는 기러기섬에도
어김없이 봄이 옵니다
안도 산길에서 이사 온 하얀 민들레도 꽃을 피웠습니다
스무이레만입니다
뿌리 잘린 아픔에 다시는 피어나지 못할까 걱정했는데
밤사이 꽃봉오리가 맺고
아침 햇살 아래 기어코 피어났군요
당신의 꽃잎들도 깃털처럼 가벼워졌으면 좋겠습니다
지나 온 시간만큼 당신의 고통이 줄어들기를 고대합니다

기러기 우체국에 다녀오는 길,
오늘도 여전히 수취인 거부로 돌아올 꽃소식 한아름
거기에 놓고
수평선 팽팽한 바다 위로 봄의 페달을 힘껏 밟아 봅니다

# 동백꽃과 一杯

1.
아닌 척 웃는 건 좀 그래
동백꽃 너야말로 그래
추우면 춥다고 말해
아프면 아프다고 말해
새빨갛게 얼어붙은 속
악 소리 한번 없이 툭 떨어지면
그만이라니
아름답다 그 한 마디 듣고 싶어
봉오리 봉오리마다
안간힘을 채워 넣다니
자, 우리 소주나 한 잔 나누지
세상만사 다 그렇고 그래
대낮이면 또 어때
한 잔 걸치고 풀어져나 보자
깰만하면 한 잔 더하고
새빨갛게 취한 채로 툭 떨어져 버리자

2.

떨어지고 떨어지고
싶었던 나는
여전히 이 자리에 있고
아무 것도 변한 건 없어
동백꽃이 나를 지루해 할지도 몰라
어떻게 해달라고 하지 않을께
그냥 내 모습만 보아주면 돼
고개 한 번 끄떡여주면 돼
괜찮다고 웃어주면 더 좋고
모른 체 해주면 더더욱 좋고
기왕지사 이렇게 된 일
동백꽃, 한 잔 더 들어.

# 거미론*

1. 거미 꽃

두 가지 사이에 집을 지은 연둣빛 거미 한 마리
투명한 그물이 감쪽같다
미세한 조직의 거미집 가운데
제 몸을 가릴만한 꽃살문을 짓고 숨어있다

보이지 않는 그물망으로 주위를 지어 놓고
유혹하는 거미의 집을 지켜본다

오일째 아침
나선형 문이 사라지고
암호 문자 같은 직선의 새 문을 만들어
그 한가운데 문고리처럼 붙어있는 거미
제 몸을 수감하고 있다

열흘째 아침
간밤에 내린 폭우에도 끄떡없던 거미의 집
골똘한 생각에 빠져있던 거미

열흘째 오후
다시 한가운데 비밀의 문을 지었지만
제 몸을 숨기기에는 턱없이 비좁다
장마에 힘이 부친 걸까
긴장을 놓은 채 낡아가는 거미의 집

2. 꽃 거미

그물을 치지 않고 꽃 속에 숨어 있다. 꽃에 혹하여 경계심 없이 날아드는 벌을 잡아먹는 꽃 거미, 다른 거미들보다 영악하고 교활하다는 생각. 매혹적이지만 너무 혹독한 매혹은 마음에 생채기를 남기기 쉽다.

3. 거미의 방

제 몸 보다 엄청나게 큰 나비 한 마리 거미줄에 걸려 파닥거린다. 거미는 제 몸속의 말을 풀어 나비에게 올가미를 씌운다. 조금씩 조금씩 음흉한 말의 그물로 나비의 목을 죄어가던 거미. 문득 기진맥진하여서 축 늘어져 있다. 더는 풀어 낼 문장이 없는 듯.

*거미처럼 너무 열심히 살아가는 너에게 바치는 시.

# 간혹

간혹,
일어서다 무릎이 삐끗해 꼼짝할 수 없다가도
질끈 눈을 감고
뼈마디를 맞추듯 다리를 뻗어보면
투둑! 소리를 내며 제자리를 찾던 일이

지리멸렬하게 엮어가야 할 남은 생에 대하여
지독하게 울어본 날이
지워지지 않는 악마적 질투의 순간이며
가슴 저린 그리움의 날이

간혹
제 자리로 돌아오던 뼈마디처럼
후두둑 소리를 질러주던
그런 일이.

# 아침단상

초록 햇살이 상큼한 아침, 베란다 문을 활짝 열었습니다
그대 아침은 어떤 빛깔일까
앙증스러운 철쭉 분재 꽃봉오리가 제법 통통해 졌어요
조그만 봉오리 안에 깊은 속내 감추어 두고 짐짓 모른체 하더니
무시로 전해오는 따뜻한 눈길에는 저도 그만 어쩔 길이 없었나보네요

내 안에 부르기만 해도 가슴 떨리는 그대, 꽃봉오리가 피어납니다

# 가을 단상

1

서랍을 정리하다 보니
안쪽 구석진 자리에 묵은 엽서 한 장 웅크려 있습니다
하던 일 멈추고 들여다보니
빛바랜 글자들 살아나 내게 말을 걸어옵니다.
그동안 하지 못한 말 한꺼번에 쏟아내고 있습니다
참 이상해요
전에는 보이지 않았던 얼굴이 보이고 포근한 목소리가 들리고
넓고 따뜻한 가슴도 보입니다
사진을 보는 것보다 더 선명하게 그리움이 배어납니다
나는 편지 속으로 걸어 들어갑니다

올 가을 몸살기 밴 그리움도
하루, 이틀쯤은 견딜 수 있겠습니다

2

가을 옷장을 정리 합니다
차곡차곡 넣어둔 옷가지를 꺼내 놓으니
어찌 그리도 많은지
제 철에도 손길 한 번 받아보지 못한 철지난 옷들이
버리지 못한 생각처럼
구석구석 쌓인 채로 지루한 잠을 자고 있습니다
사이즈가 맞지 않은 것
유행에 뒤떨어진 것
퇴색한 것들

버릴 것은 버리고 다시 개어 자리를
잡아주기도 하면서
정리를 한다는 것은 공간을 마련하는 일인지 모릅니다
해묵은 생각들이 달려나간
가을의 문 밖에서
한결 마음이 환해집니다.

# 가을 편지 2

요즈음에 와서야 달라진 게 있어요
바람, 풀, 나무, 숲
비어 있는 곳이면 스며들 수 있어요
그대 그늘 아래 난 작은 오솔길도 편히 들 수 있어요
단풍나무 타는 유혹에 마음 뺏겼지만 그건 아주 잠깐
내내 그대 생각하며 걸었어요
스스로 대견했어요
그냥 아이처럼 좋았어요
낯선 길을 가는 듯한 착각에 빠지긴 했지만
있는 그대로를 받아들이면서
내 안에 낙엽 쌓이기를 바랬어요
한 잎 두 잎 그리움 지는 오솔길,
숲 속 그 길은 그리움 붉게 타는 가을 강이었어요

결 따라 흐르다 바람결에 달려가면
그제 밤 꿈처럼 모른 척은 마세요

# 가을 편지 7

살다보면 바깥이 되고 싶은 날이 있지요
재우면 재울수록 새록새록 눈뜨는 그리움
그런 날이 있지요
순간의 추억으로 평생을 산다지만
보고 싶다고 오늘은,
내 안쪽 어디에선가 자꾸만 보고 싶다고 해요
접은 생각 활짝 펴고 싶어요
나를 뛰쳐나가 그대 안을 드나드는
사립문 반쯤 열린 바람이면 어때요
오래 만나지 못했지만 어색하면 어때요

바깥이 되어 안이 될 수 있는 그런 날인데요.

# 가을 편지 10

보고싶다안보고싶다보고싶다안보고싶다보고싶다안보
고싶다보고싶다안보고
싶다보고싶다안보고싶다보고싶다안보고싶다보고싶다
안보고싶다보고싶다안보고싶다보고싶다안보고싶다보고
싶다
아카시아 한 잎 한 잎 뜯어내며 점을 치던 그 때를 지나

보
고
싶다
안
보
고
싶다

오늘은
첫닭 울 때까지 보고싶다안보고싶다
온 세상 아카시아 이파리 다 없어질 때까지
보고싶다안보고싶다

# 위 내시경을 받으며

강제되어지는 것들은 늘 유혹이었다
더 세게 더 진하게

다만 허기짐이 억울해 꾸역꾸역 삼키고
앉지도 서지도 눕지도 못하는 통증의 밤이 지난다

검은 호스가 올가미처럼 목을 통과한다
속속들이 파헤쳐지는 온통 헐어버린 벽

요동치는 몸부림에 다가올 시간마저 멈추어 버린 듯
영원 같던 120초 안에 아스라이 나는 무엇이었나

커다란 거울 속에 까만 비늘의 한 마리 물고기가 파닥인다
겨우 놓여난 미끼를 돌아서서 덥석 물어버리는

유혹은 아직도 내안에서 진행형이다

# 금난초

할 말이 없는건 아니예요
에둘러 말하지도 않을래요
그냥 이대로 있을께요
깊은 숲속 외로이
작은 봉오리 안에
깊은 속내 감추고
끝내 다문 입술로
이 모습 이대로 피었다 질래요

# 4

# 나도 가끔은 남편이 되고 싶다

# 파키라 나무

아파트 베란다에
잎이 무성한 파키라 나무 한 그루
그늘 드리우고 서있다
한낮이 오면 잎사귀들이
일제히 창밖을 향해 고개를 돌리기 시작한다
나를 좀 보라고 돌려놓아도
어느새 바깥으로 눈을 돌리는 잎사귀들
돌리고 또 돌려세워도 여전히 창 쪽으로
몸을 돌리는 잎사귀들은
하루 종일 내 어리석은 고집을 꺾으려
조. 그. 맣. 게
소리 없는 비명을 질렀을 것이다
마디마디 오가는 통증을 견디었을 것이다

먼 곳을 바라보는 일은 얼마나 눈물겨운 일이던가
오직 뒷모습만 바라보는 일은 또 얼마나 쓸쓸한 일이던가
집착이 사라지면 그 자리에 새로운 자리가 생겨난다고

오늘 아침

,

파키라 나무 한 그루
힐끔 힐끔 나를 쳐다보며 밖으로 눈을 향한다.

# 건망증의 핑계

오늘 아침 한쪽 팔목의 인대가 늘어난 것을
까맣게 잊은 채 쌀자루를 불쑥 들어 올리다 말고
큰 낭패를 당했지요
찜질방에 찾아가 팔목에 열찜을 하다가
내친김에 동전을 넣고 안마기 의자에 걸터 앉았지요
꽉 움켜쥐고 놓아주지 않을 것 같은 불안감도 들었지만
사람 손보다 더 꼭꼭 집어 주물러주던 퍼지센서가
울퉁불퉁한 감정까지 추슬러 주는 것 같더군요

센서와 로봇들의 세상에 들어와 살면서
건망증 걱정이 없는 기계들이야
알 턱이라곤 없겠지요

잊고 싶은 통증엔 건망증이 제격이지요.

# 바닥을 딛다

결코 울지 않았어요
울면 지는 거라고
바닥에 주저앉게 될까봐
퍼질러앉아 울다보면
바닥도 살만하다고 그런대로 편하다 할까 봐
조금씩 바닥으로 침잠해가는 나를 보면서
악착같이 입술을 깨물었어요
그런데 오늘은 자꾸만 눈물이 나요
나의 바닥이여 안녕
그동안 고마웠어
슬프지 않은 이별
이제 막,
바닥을 뜨는 첫 발자국을 딛습니다.

# 속눈썹이 깊은 남자

가을 발소리가 들려올 것 같은 저녁 아래로
노을이 지고 있었다
아직은 초록잎이 무성하던 팽나무 그늘 아래
속눈썹이 아름다운 남자,
눈을 돌려 몰래 바라보던 그 남자의 속눈썹 때문에
가만가만 심호흡을 내뱉어야했다
팽나무 잎들도 자꾸만 흔들렸다
그가 한 번 깜빡일 때 노을이 한 뼘 낮아졌고
다시 한 번 깜빡일 때
초록의 풍경이 명징한 보폭으로 멀어져 갔다
이윽고 노을이 산 너머로 넘어갔다
가을은 나에게 부드러운 속눈썹을 날리며 다가왔다.

# 수능시험 날

이른 아침 아이들을 시험장에 들여보내고 나와
안쓰러운 뒷모습에 많은 생각들이 밀려와
내가 먼저 우울해지던 날이었습니다
아직 이른 시간이었지만
발길 닿는데로 가보자고 나선 길이었습니다
쭉 뻗은 삼나무 가로수 길을 지나
아침 안개 자욱한 산자락 비탈에서
이랑마다 빛나던 초록의 햇살들을 만났습니다
끝도 없이 펼쳐진 녹차 밭이 한동안
마음을 빼앗아 돌려주지 않았습니다
차꽃의 꽃망울들이 조랑조랑 맺혀 있었습니다
아참, 녹차나무에도 꽃이 피는 줄을 처음 알았습니다

내 안에도 아이들이 작은 향기로 매달려 있는 줄을
비로소 알았습니다.

# 상사호에서

고요한 숲 속의 정적, 바스락
숨소리에도 나뭇잎이 흔들릴 것 같은
적막이 위태롭기까지 하다
빗방울이 하나 둘
잔잔한 수면 위로 떨어졌다
헛기침같은 바람이 일렁이자
무차별 쏟아져 내리던
여름날의 폭우 때처럼
호수는 금방 신열에 들끓어 올랐다
하나의 생각에 골똘하다보면
본질 밖에서 부풀어오르기만 하여
감당할 수 없을 때가 있다
필요 이상의 거품으로 넘칠 때가 있다

무심히 아무 일도 아니었다고
바람에 기대어 그냥 흔들리다가도
때론 빗방울 하나에도 들떠
밤을 온통 지새웠던 상사의
기억이 있었다.

# 나를 불러 앉히는 것들

옥상에 오르는 계단 밑 후미진 그늘 속
한 줌도 안 되는 흙먼지에 뿌리를 내린
까마중이며 개망초 그리고 작은 풀들이
위태롭게 키를 세우고
꽃까지 피운 것을 보면
가슴이 먹먹해져 오는 날 있습니다

깊은 어둠속에서도 얕은 바닥을 그러쥐고
끝내 뿌리 내려 일어선 것들의 안간힘들이
나를 불러 곁에 앉힙니다

참 고맙습니다
참 감사합니다.

# 고물, 안 삽니다

고~오~물 삽니다~

에그, 저 놈의 고물장수
때가 되면 어김없이 나타나는 소리
오래되어 어긋난 문틈을 기웃 거린다
기분 나쁜 저음의 능글맞은 영감탱이
예전엔 인간 고물도 사느냐고
우리 집엔 고물이라곤 이 몸뚱이밖에 없다고
농을 걸기도 했는데
도둑이 제 발 저린다는 말처럼
중년을 넘어 선 슬픈 심정으로
나도 모르게 열어 두었던 문을 슬며시 닫는다

오래 견딘 몸의 화려한 후렴구
고~물 삽니다~

# 꿈같은 현실이

집달관들이 들이닥치자
성난 듯 운명의 서곡을 울려대는 피아노 소리
첼로는 장송곡 같은 비브라토 현을 켜고
냉장고가 메스꺼운 듯 온갖 내용물들을 게워냈다
미친 소리를 내며 돌아가는 세탁기
에어컨이 식은땀을 뻘뻘 흘리며 강풍을 몰아친다
티브이는 새빨간 목젖이 드러나도록 큰 입을 벌려
저승사자처럼 웃는다

잠재우려는 듯
모든 소리를 집어삼킨 사각의 통이
애드벌룬처럼 공중으로 둥둥 떠오른다
하늘 높이 날아오른다
멀리멀리 날아간다
애드벌룬에 매달린 빨간 끈을 부여잡고 바둥거리다가
미끌미끌해지는 손아귀를
툭, 놓아버리는 순간의 편안함이라니

이내 까무룩 꿈에서 깨어났다.

# 은혼식*

산해진미 가득한 상 가운데 눈빛 맑은 농어 한 마리 눈을 빼끔거리며 옆으로 누워 있다. 산 채로 살을 저민 제 몸뚱이를 바라보는 저 참담한 마음 앞에 25년 흘러간 그 세월이 발가벗긴 채 끌려나와 누워 있는 것 같았다. 입술을 달싹거려보지만 농어는 빼끔빼끔 목이 메일 뿐 나처럼 아무 말도 할 수가 없다. 차마 젓가락을 들지 못하고 있는데, 낯익은 모습들이 달려들어 무지개빛 물고기 살을 한 점 한 점 집는다. 물고기로 태어난 한 생이 그렇게 완성되어가는 순간이다.

*결혼 25주년을 기념하는 날

# 나도 가끔은 남편이 되고 싶다

가만히 '아내'라고 입술을 움직여보면
왜 그리도 가슴이 애틋해져 오는가
나도 가끔은 남편이 되고 싶다
아내라는 제목으로 시를 쓰기도 하는
낭만이 있는 남편이 되고 싶다

오래 비운 집을 찾아가는
아내의 맨발을 내려다보는
접시꽃 당신이라는 말도 그럴듯해 보였지만
봉선화 연정이라고 철없이 흥얼거려보기도 하는

옛집 같은 골목 끝의 마지막 집을
동네에서 제일 늦게 기어들어 가보는
풀꽃같은 아내가 토끼같은 자식에게
저를 뜯어 먹히다가 잠이 든

슬프고 능력없는 남편이 되고 싶다
등 돌린 아내 곁에서
새우처럼 잠이 든 어쩔 땐
내가 차라리 남편이고 싶었던 적이 있었다.

# 밥통論

내가 살던 읍내에서 십 리쯤 가면 봉화산이라는 제법 높은 산이 있었지요. 맞은 편 산꼭대기에는 촘촘한 레이다망이 줄을 지어서 무언가를 잡아내려는 듯 쉬지 않고 돌아가고는 했었죠. 미군부대가 주둔하고 있던 그곳에서, 오 리쯤 떨어진 외딴집에 늙은 부모와 어린 계집아이가 살고 있었죠. 계집아이는 온통 궁금한 것이 많았죠. 어쩌다 서울에서 유학중이던 작은오빠가 내려오면, 왜 미군이 여기에 와 있느냐고 물기도 했죠. 오빠는 대답 대신 "아이구! 이 밥통아" 하면서 꿀밤을 먹이곤 했죠.

계집아이가 궁금했던 세상은 그 후로 제 안에서 갇혀버렸죠. 궁금한 것은 갈 수록 많아졌지만, 누구에게 물어보기보다는 밥통인 채로 지나가거나 오랜 세월이 흐른 뒤에야 저절로 알아지거나 하였죠.

오늘 아침, 문득 그때가 생각났지요. 누구도 명쾌하게 길을 일러주지 않았 던, 알 수 없었기에 가끔은 벼랑 아래로 곤두박질치기도 했던, 수많은 길들.그리고 지금도 여전히 보이지 않는 길. 그때 궁금한 것들이 무엇이었는지, 시간이 흐르면 저절로 알아지거나 어쩌면 모르는 채로 지나가기도 하겠지만, 아직도 꼭 하나만 물어보고 싶은 게 있죠.

나, 아직도 밥통인지요.

## 외면의 방식

가계가 갑자기 어려워져서 식당에 아르바이트를 나가던 때의 일이었다. 식사 시간이 되자 손님들이 밀려들었다. 부부가 함께 들어와 구석자리에 앉았다. 나는 웃는 얼굴로 그들에게 다가가 주문을 받았다. 남자 손님의 얼굴이 낯이 익은 것 같았으나 얼른 기억나지 않았다. 여자는 얼굴을 숙이고 웬지 나를 외면하려는 눈치 같았다. 한참 뒤에 주문 받은 음식을 들고 가다가 그만 그 여자와 눈이 마주치고 말았다. 그제서야 나는 그들 부부를 확실하게 알아볼 수 있었다. 예전에 살았던 아파트의 같은 라인의 사람들이었다. 더구나 그 집은 딸아이의 단짝 친구네 집이었다. 나는 깜짝 놀란 표정으로 반가운 인사를 건네었다. 그 여자도 환한 표정으로 덥썩 내 손을 잡아 주었다. 나는 아무렇지도 않았는데, 오히려 지금의 그들 부부는 나의 처지를 배려하려는 마음 같았다.

한산한 오후에 여자 손님 두 명이 식당에 들어왔다. 그 중 한 사람과 눈이 마주쳤는데 인상이 너무 좋아보였다. 이번에도 어디선가 본 적이 있는 얼굴이었다. 주문을 받고 음식을 내어다 주는 사이에 서너 차례나 눈길이 마주쳤으나 전혀 모르는 얼굴을 하고 있었다. 나는 결국 그 여자를 떠올리는 일을 포기하고 말았다.

식사를 마치고 나가면서 카운터에 앉아 있는 주인 언니에게 그 여자가 한 마디 남기고 갔다고 하였다. 아는 사람인 것 같은데 자기에게 인사를 하지 않는다는 거였다. 아. 생각났다. 큰 딸이 고등학교 다닐 적에 임원회 모임을 함께 가졌던 부인이었다. 그 집의 별장에 가서 작은 파티를 열었던 기억도 있었다. 반갑고 그리운 마음에 식당 바깥까지 쫓아 나갔지만 차는 벌써 떠나가고 없었다. 끝까지 시치미를 뗀 표정으로 그 여자는 내가 먼저 자신에게 인사를 해야 하는 기회를 배려해 주고 간 것 같았다.

# 그 남자, 그 여자 이야기

꽃가게를 하며 아름답게 살아가는
그 남자와
그 여자의 이야기입니다.

그 남자는 그 여자를 목련꽃이라고 부르고
그 여자는 그 남자를 늘 푸른 소나무라고 부릅니다
그 남자의 전화 목소리는 경쾌하여 상대방의 마음을 즐겁게 하고
그 여자의 전화 목소리는 포근하여 친정엄마를 생각나게 합니다
앞서거니 뒤서거니 외조하며 내조하며 허기진
배움의 열망을 채워가기도 하고
장대 같은 두 아들에게 맛있는 음식을 해주며 행복해하기도 합니다

낯선 곳 여수에 내려와 삼 년쯤 됐을 때였습니다
아직도 저녁노을만 지면 괜스레 눈물이 나곤 할 때였지요
네 살 딸아이를 유치원에 보낸 날

뽀얀 어린왕자에게 첫눈에 반한 나는
그 여자와 사돈이 되고 싶다고 했습니다

그 아이들이 커서 열아홉 살이 되도록
우리는 한 달에 한 번씩 만나는 사이가 됐습니다.
다섯 살이나 아래인 그 여자는
어느 날인가 내가 집안에 일이 생겨 어려운 곳을 다녀온다 했더니
만 원권 세 장을 돌돌 말아 말없이 손 안에 꼬옥 쥐어주었지요
언니 같고 엄마 같은 속 깊은 사람이었습니다

하루는 한창 바쁠 때였는데
느닷없이 그 여자에게서 전화가 걸려왔지요
무조건 세 시간만 데이트를 해달라는 겁니다
무슨 일일까 궁금해 하면서 약속 장소로 나갔더니
그 남자가 환하게 웃으며 서 있었습니다
그리고 그 남자가 미소를 머금은 얼굴로 말하였습니다
“오늘은 그대를 위한 날입니다

이유를 묻지 않고 나와 주셔서 참 고맙습니다."
나중에 알고 보니, 글공부 하러 다니게 된
나를 축하해주기 위하여
그 남자가 마련한 속 깊은 자리였습니다
멋진 저녁식사와 커피타임
'패티김 45주년 기념공연' 티켓까지
행복한 선물을 받은 저녁이었습니다

나도 가끔씩은 이벤트를 만들어
그 남자와 그 여자에게 전화를 걸었던 날들도 있지요

언제 어느 때나 상대방에게 전화를 했을 때
이유를 묻지 않고 달려 나갈 수 있는 그런 사이

당신에게도 그런 남자 그런 여자 하나씩은 있는
그런 인생이기를 기원합니다.

# 냉장고를 정리하며

무수히 열리고 닫힌 마음 한 켠
망설이고 머뭇거린 흔적들 조심스레 꺼내 놓습니다
한때는 은빛으로 유유히 바다를 헤엄쳤을
얼어붙은 갈치 몇 토막의 추억과
푸석푸석 부서지는 채소 몇 닢의 푸른 꿈
유통기한을 넘겨버린 두부 한 조각
바르다만 립스틱과 스킨로션들
방치된 채 널부러져 있었던 마음 한 자락까지
비우고 채우며 냉장고를 정리합니다

비워도 비워도 가벼워지지 않음은
채워진 것 없이 비울 것도 없는 나이기 때문입니다
아무 것도 아니면서 모든 것이고 싶었음은
끝 모를 욕심의 생채기가 가시지 않았기 때문입니다
따지고 보면 이유 없는 것은 아무 것도 없습니다

나의 바깥에서 나의 안을 온종일 들여다 봅니다
밖에 있어야 할 것들이 안에 있고
안에 있어야 할 것들이 밖에 있는 건 아닌지
어디 한번 유심히 살펴볼 생각입니다.

# 옷가게를 정리하며

반품 리스트를 쓰고 마지막 엔터키를 누르면서
나도 흔적 없이 함께 발송되었으면 했습니다
돌아서고 또 돌아서도 언제나 그 자리
손 놓고 돌아서는 일이 한두 번이 아니었지만
남은 옷들을 하나하나 포장하면서도
제 갈길 찾아주지 못한 미안한 마음은
포장되지 못하고 가슴에 아립니다
떠나보낸다는 것은
결국 텅 빈 채 혼자 남는 일이었습니다
할 일 다 하지 못한 채 밤새도록 끙끙 앓는 일이었습니다

참 먼 길 돌아와 내 곁에 가라앉는 세월
오늘 따라 추적추적 비마저 내렸습니다.

# 주방을 정리하며

나만의 왕국이다

질서정연하게 서 있는 간장, 식용유, 식초, 참기름 병
제자리에 반듯반듯 놓여진 그릇과 주방용품들
너무나 익숙해진 우리는
손길만 닿아도 금방 알 수 있어
눈감고도 밥 한 끼쯤 거뜬하게 차려낼 수 있지
차곡차곡 쌓여진 그릇처럼
맛을 내는 양념처럼
참 오랫동안 변함 없이 거기에 내가 서있어
달리 손댈 것 없는 수납장을 열어보며
왠지 오늘은
황실장미 무늬 따뜻한 그리움 채우고
크리스탈 투명한 소리로
한 번쯤은 나도 풀어져 눕고 싶다.

# 집을 나서며

먼 길 떠날 땐 집안을 가지런히 합니다
평소에 소홀히 했던 구석을 찾아 먼지를 털고
나를 나타내 주는 것들을 제자리에 잘 놓아두는 일이지
요
별로 가진 것도 없지만 통장번호라든지
미처 하지 못했던 말이라든지
갚아야할 것이 있다든지 하는 것들을
찾기 쉬운 자리에 놓아두는 일이지요
흐트러져 있던 나를 가지런히 하다보니
여기저기 대충대충한 흔적들이 보이고
구석구석 쌓인 먼지들이 기억을 더듬고 있네요
시를 쓴답시고 밀쳐둔 시간들이
가구들 귀퉁이며 책상 아래 무늬 되어 있네요
부끄러운 시간들을 쓸고 닦고 하다보니
벗지 못한 마음의 때가 흔적되어 있음을 알았네요.

# 명퇴하다

평생을 뻐마디 덜걱거릴 만큼 일했으니
이젠 뒹굴면서 놀아도
그 세월 다 보상받을 수 없다고
마음 편히 쉬라는 딸의 위로를 뒤로하고
아침 산책을 나선다
길이 없는 그늘진 곳
이끼 낀 채 잘 자라난 봄꽃 한 송이
지난 해 자란 등걸에 걸터앉아
햇살 간지러운 듯 깔깔대고 있다

그 곁에 웅크려 앉아
상처라 할 수 있는 세월도
간이 잘 밴 그리움으로
한 끼 식사를 대신할 수 있다면
남은 한 생인들 또한 대수로운 일이겠냐고
작은 꽃잎이 들려주는
환한 웃음소릴 듣는다.

|해설|

# 생활과 세월, 물빛의 시편들
## -김수자의 시에 나타난 갈구의 흔적들과 내재율

정 윤 천
(시인)

1.

지역의 글판(?) 혹은 글 동네 언저리를 오명 가명하던 와중에 여수의 바다와 여수의 저녁과 여수의 바람 내음 곁에서, 그미를 처음 마주쳤던 게 어언 십 수 년이 흘렀다. 그리고 그동안 그를 '그미'로 호칭해도 좋을만큼 우리들은 얼마나 허물없이 어울려 왔던가. 세월은 화살과 진배없어서, 그때의 우리들 모두는 이제 초로의 문턱에 흐린 눈을 깜박거리며 기대었거나 걸터앉아 있는 셈이다. 그 안의 많은 상처와 환희와 눈물의 시간들이, 또 제 가끔의 일기장과 가슴의 속내들을 뒤척이게 하거나 헤집어 놓으며, 거기 남겨두었거나 거두며 지나갔을 것이다.

김수자 시인의 첫 시집 『불쑥』에 실려 있는 원고들을 처음 대면하면서 필자는 어쩐지 시 보다 더 가깝거나 먼 곳에서 어른거리는, 한 시인의 세월이며 상처 갈망과 갈구의 아우성들을 바라보며 듣는다. 어쩌면 그의 시들은 모두 다 그가 지니고 태어난 그의 생김과 마음씨를 닮아있는 듯하였다.

"안녕하세요/ 좋은 아침입니다/ 늘 듣는 이 말도 꽃이 됩니다/ 언뜻 보면 멀고 낯설지만/ 연두빛 새 아침의 향기가 납니다/ 날마다 처음처럼 살가운 설레임으로 다가온/ 참 정겨운 아침의 이 말,/ 말꽃이 핍니다. -「말꽃」

시집의 첫 장에 새겨진 "말꽃"이라는 시편이다. 제목에 주의하여 이 시를 새겨보면, 말(語)도 꽃이 되는 접점의 포착. 그리고 혹은 말이 꽃으로 화하는 창조적 시간과 개안(開眼)아래서, 이 시는 필자로 하여금 새삼 시의 표현이 지닌 그 우원함과 넓은 지평의 한 순간을 목도하게 해주는 것 같았다. 이를테면 돌덩어리도 꽃잎이 되게 하고, 빗소리도 편지봉투나 우편배달부가 되게 하고, 날개가 없어도 천사가 되게 할 수도 있는 시의 탄주와 마법은, 김수자 시편의 곳곳에서도 여러 가지의 방식이거나 은유의 옷을 입고 산견되거나 출몰하고 있었다. 더불어 시인의 많은 시들은 "꽃"에 주목하고 있음을 볼 수 있었는데, 여기에서의 "꽃"은, 그리하여 마침내 김수자 시인의 비원에 가까운 갈구의 내재율에 닿아있었음을 알게 하였다.

시집 『불쑥』은 총 4부로 구성을 이루었는데, 필자는 시집의 목차나 배열에 따라, 무슨 야무지거나 대단한 방식의 비평이거나 해설의 차원을 벗어나 되도록 순수한 독자의 눈길 정도로만 시집 안팎의 시들을 바라볼 계획을 세운다. 이는 어쩌면 '그미'와 필자 사이의 '누님'과 '아우'라는 현실적이며 인간적인 거리 때문이기도 하거니와, 오히려 더 적나라한 눈길로 그의 시들을 들쳐볼 수도 있겠다는 계산 때문이다. 되도록 좋은 시편들에게 기대어 단점보다는 장점을 부각시켜 볼 심산이다. 이런 필자의 마음은 문학 지형의 변두리인 여수에서 그 동안 말석의 시인으로, 무명으로, 그러나 한 길을 묵묵히 건너오는 수고를 저버리지 않은 그와 그의 시에게 바치는 경례이자 우의인 셈이다.

도무지 찾을 수 없는 휴대폰에게
전화를 걸었지요
소리 나는 대로 따라가 보니 안방 장롱 속,
반가움에 달려가 꺼내들고
여보세요
여보세요
전화를 했으면 말을 해야 할 거 아니예요
화를 내며 거실로 걸어 나오니
집 전화기는 내려져 있고
남편은 정말로 어이가 없다는 듯
나를 쳐다보았다
그러다가 그이가 내게 들려준 이야기

그래도 자네는 나보다 낫네
택시를 탔어
내릴 때가 됐는데 친구에게서 전화가 왔지
오른 손으로 전화기를 들고 있어서
요금을 꺼내기 위해
왼손을 주머니에 넣는 순간, 아차
있어야 할 휴대폰이 없는거야
택시에서 이미 내려버렸는데, 큰 일이 난거지
친구야 빨리 전화 끊어라
휴대폰을 택시에 두고 내렸나보다

오랜만에 우리 부부는 데굴데굴 구르며
실컷 웃었더랍니다.

-「웃음」 전문

오랜만에 부부는 "데굴데굴 구르며" 웃고, 오랜만에 필자도 한편의 시 곁에서 웃어 봅니다. 대책 없는 파안의 시간입니다. 수수롭게 다가온 예기치 않은 사실 하나가 시의 광휘로 빛을 내뿜는 광경입니다. 그러므로 사실 '시'라는 명명은 별 것도 아닌 것인지도 모릅니다. 누구나 할 수 있는 시시한 이야기일 수도 있었던 것입니다. 김수자 시인도 그 비밀을 알고 있어서, 오늘 우리들에게 지나가는 "웃음" 한 편을 슬그머니 배달해 주었습니다.

과꽃이라는 말 들어 봤지라

환승역이라곤 없는 게 삶이었지라
시들어 먼 길 떠나야 할 직전에
단 한 번의 환승꽃으로 폈다가 지는게지라
마당을 쓸다가 문득
떨어진 잎새들 사이로
고개를 드는 그리움도
때가 되면 멀어졌지라
말끔히 쓸어낸다는 말은 이런 때
쓰라고 있었던 것 같지라
나는 자꾸 시드는데
마당 끝 서성이던 어둠 속으로
전화 한 통 할 곳 없던 밤은
못내 쓸쓸했지라
지나가는 바람 한 줄기에도 화들짝 반가워지는
내 마음의 꽃잎이 그러했지라
그냥 그러고 , 그랬던 게지라.

-「올해도 과꽃이 피었던게지라」 전문

"그냥 그러고, 그랬던 게지라"는 결구가 맺어지는 시종토록, 이 시행들을 싸고도는 어법이며 마름질은 영락없이 전라도 정서의 넋두리로 일관하고 있다. 마치 판소리 한 대목이거나 '막걸리집 작부'풍의 흥얼거림과도 닮아있다. "올해도 과꽃이 피었던게지라" "그러믄 지가 안피고 베길 수 있간디" 식으로 맞장구를 질러주고 싶어진다. 그냥, 보성강 강가에서 정도로 적어도 되는 시구를, 굳이 어디 외국에 있는 멀고 먼 강의 이름이거나, 신화에나 나오는 물가의 이름들을 뒤적거려 대체하는 방식의, 요즘 식의, 외피에 치숭하거나 남다른 지적 포즈에게로 환장한 시들에게서는 절대로 맛볼 수 없는 오리지널(?)시행들의 감칠맛이다.

"과꽃이라는 말" 안들어 본 년 놈들 있을려고, "마당을 쓸다가 문득/ 떨어진 잎새들 사이로" 고갤 쳐드는 "그리움" 맛보지 않았던 생들은 또 있을려고, "마당 끝 서성이던 어둠 속으로/ 전화 한 통 할 곳 없던 밤" 그 밤이 그 어떤 정한의 마음인지 모르는 이 있을려고. "지나가는 바람 한 줄기에도 화들짝 반가워지는" "내 마음의 꽃잎"이 "그냥 그러고, 그랬던" 거여서는, 김수자 시인의 "과꽃"은 올해도 어김없이 결단코 "피었던 게지라"인 것 같았다.

소호의 봄에는 아직 겨울의 기미가 살고 있었지만
소제마을 밭둑으로는 유채꽃들이 피어오르고
돌아보면 벌써 저만치 가 있는 계절이
내게는 몇 번이나 더 남았을까 생각하게 하는데
마음속에 웅크려 있는 미움 하나 지웠으면 싶어져서
받은 만큼 돌려주어야한다고
벼르고 별렀던 갈망들이
노란 꽃빛으로 흔들리는 시간 속에 서있어 봅니다
그렇게는 소호의 들길입니다
작디작은 풀꽃 한송이도 제 모습으로 피어 납니다
나도 누군가의 이름을 한번 불러 봅니다
언덕의 유채꽃들이 몸을 흔들어 댑니다

지난 겨울의 바람을 가슴에서 꺼내어 버렸기에
나를 비워내지 않고서는
무엇으로도 봄이 오지 않는 까닭입니다.
-「봄이 오는 까닭은」 전문

소호는 소호동이라고 부르는 여수 안에서의 작은 마을의 이름이다. 소호에서 바라보는 바다의 경관이 수려하여, 여수의 내면을 아는 일부의 관광객들은 더러 소호에 자리 잡은 '통유리' 커피숍에 앉아서 여수의 한 쪽을 관망한다. 필자도 몇 번 따라가 본 적 있는 소호의 '봄 바다'는 명품이며 명물이자 명불허전이다. 저물면서 빛나는(황지우) 그 무렵의 바다는 한 편의 시와도 같다.

"소재마을" 밭둑으로 "유채꽃"의 기미가 어룽거리는 시점에서 화자는 자신 앞에 닥쳐있는 '세월'과 "봄"을 듣는다. 그랬는데 하필 "내게는 몇 번이나 더 남았을까"는 자신에게로 향한 때 아닌 측은지심으로 하여, 곧바로 "미움을 지웠으면" 하는 마음으로, "노란 꽃빛으로 흔들리는 시간 속"으로 이어졌다. 그리고 그렇게는 "소호의 들길"위에서 "누군가의 이름"을, 사실은 받은 만큼 돌려주어야 하겠다고 벼르고 별렀던 미운 이름 하나를, 지난겨울에 가슴 한 켠에서 이미 불어가 버리고 없는 바람떨기처럼 놓아버린다. "나를 비워내지 않고서는""봄이 오지 않는 까닭"임을 알기 때문이다. 천천히 들여다보면, 이 시 속엔 김수자 시인의 "여수"와(소호동이라는 특정의 공간) 그의 '세월'이 공존하고 있음을 느낄

수 있다. 쓰라린 세월의 감내 뒤에서야, 시인은 아니 인간은 "봄이 오는 까닭"에 대하여 말할 수 있거나 들을 수 있게 된다는 사실이다. 시가 아름답다는 말은 어쩌면 이런 순간의 화음과 화해 때문일 수 있었다.

> 견딘다는/ 말 속에는 고통의 향기가 있다// 마래산 형제무덤 오르다/ 무성한 소문 날아와 쌓인,/ 손바닥만한 터를 제집 삼아 피어난/ 한 겨울 풀꽃들을 보면/ 겨울을 견디는 힘은 무엇인지/ 속 뜨거운 것을 쏟아내지 않으면 안 될/ 간절한 그리움은 또 무엇인지/ 아픔은 아픔으로 견딘다고,// 씨앗처럼 묻힌 말/ 오소소 돋는/ 겨울 꽃, 고요한 통증// 기억조차 희미해진 이름들/ 불러주는 이 없이 아득한 그날의 이야기를/ 가만가만 풀어 놓고/ 겨울 속 겨울을 견디고 있었는데.
>
> -「겨울 꽃」 전문

고통이 없었던 사람에게는 "견딘다는" 말의 순간이 자리할 "자리"가 없다. 시인의 전언에 따르면, 바로 그 자리가 아니 자리의 이름들이 "겨울 꽃"이다. "고요한 통증의 기억"과 "희미해진 이름"들 속에서 "겨울 꽃" 한 송이들은 견딤의 향기로 피어난다. 이 시 역시 김수자 시인의 세월의 감내 속에서 개화한 꽃으로 읽힌다. 한 걸음 더 나아가 보면, "마래산 형제 무덤" 곁에서는 여수라는 이름의 특정 공간에서 이루어졌던 뼈아픈 근대사의 한 페이지가 매운 바람결에 펄럭이고 있기도 한다.

그러니까,
아파트 상가 일층 책 대여점이 있던 자리
정육점이 들어선 지 며칠 만에
벚나무의 목이 감쪽같이 사라졌다
그늘 무성한 나무 잎새들 사라졌다
무슨 일이 있었을까
잊지 않고 안부를 물어주던 벗처럼
위안이 되어주던 나무
나무는 얼굴을 잃고 몸통으로만 서서
겨울을 나고 있었다
가슴에 대못이 박혀
'토종 한우 잡는 날'
현수막을 달고 있었다
상호를 가린다고 투덜대던 정육점 사내는
나무의 목을 사정없이 잘라 버렸다
그 아래 꽃 등심을 진열해 놓고
토막낸 벚나무 잎새들의 그늘을 팔고 있었다

세상에!
사라진 줄만 알았던 벚나무의 목이
정육점 앞의 벚나무가
두 개나 되는 목과 얼굴을 다시
내밀기 시작하였다
여린 줄기 끝에서
환하게 꽃을 피워내고 있었다.
-「정육점 앞 벚나무」 전문

이 시 역시 시인의 생활 속에서 얻어진 각성과 관찰의 시편이다. 그럼에도 불구하고 이 시 속에는 김수자 시인의 다른 시편들에서 한 걸음 더 걸어 나온 '시 작법'의 미덕이 자리 잡고 있었다. 이를테면 그 미덕은 이런 것이다. "상호를 가린다고 투덜대던 정육점 사내는/ 나무의 목을 사정없이 잘라 버렸다/ 그 아래 꽃 등심을 진열해 놓고/ 토막 낸 벚나무 잎새들의 그늘을 팔고"있다는 전언이다. 이 시행들이 전개되는 동안, 화자는 정육점 사내를 향하여 한 마디의 말도 건네지 않는다. 어떤 의미에서는 그런 짓을 벌이고 있는 정육점 사내를 인정하는 태도를 보인다. 이것을 나는 이 글의 제목으로 차용했던 '물빛'의 시학으로 상정하여 보았다.

여수 바다의 물빛은 작은 흙탕물에는 끄덕도 하지 않는다. 그런 것 따위에는 상관하지 않는다. 김수자 시인의 "정육점 앞 벚나무"역시 마찬가지의 자세를 견지한다. "정육점 사내"가 '모진 놈'이라거나, '백정'이 따로 없다는 바라봄은, 성찰은, 그리고 끼어듦의 자리는, 오롯이 독자들의 몫으로 남겨두었다. "세상에!" 사라진 줄 알았던 벚나무의 목에서 두 줄기의 꽃이 피었음을, 시인과 그의 시는 다만 전할 뿐이다. 절경이다.

## 2.

필자는 이전에도 "여수 작가"지에 초대되었던 김수자 시인의 근작시 몇 편에 대한 해설을 맡아 중언부언으로 그 책의 지면을 꾸린바 있다. 시집의 시들을 다시금 거론해야하는 과정에서도, 그때의 시들이 일정부분 겹치는 사례가 있음을 사전에 밝혀 두어야 할 것 같다. 시집의 목차를 따라가다 보니 아직 남아있는 3부와 4부의 시들 중에서도 눈에 뜨이는 가편들을 중심으로 살펴보아야 할 것 같다.

"천정에서 바퀴벌레 몇 마리가 우글우글 기어 다닌다"라고 썼다가, "천정의 바퀴벌레들이 떼 몰려 기어 다니다가, 몇 마리는 방바닥으로 떨어졌다"로 고쳐본다. 그러자 바퀴벌레들이 우르르 내 몸을 향해 기어올랐다.

> 하필 이런 생각을 해보는 거지? 의문이 들었는데, 그건 기다림이, 기다림 너머의 기다림에게로 이르게 하는 키워드일 수도 있을 거라고, 아니라면 너무 오랜 동안 그리움이 몸속을 기어 다닌 증거일 거라고, 불안이거나 종종거림일 수도, 혹은 눈에 보이거나 손에 잡히는 것만이 사랑이라 믿었던 내게, 꿈틀거리며 지나간 새로운 사랑학일 수도 있었다고, 갈피로 쌓였다가 사라지는 바람의 뒤태를 한참이나 지켜보았던 거라고.
>
> -「권태」 전문

바퀴벌레에서 시작된 환영이었거나 환상의 한 장면이, 자연스러운 기술방식으로 "기다림"에 가 닿아있다. "기다림"은 다시 "기다림 너머"로, "기다림에게로 이르게 하는 키워드"로 빠른 전개를 시도한다. 그리하여 속도감이 일렁이는 "바퀴벌레"의 순례의식은 돌연"손에 잡히는 것만이 사랑이라 믿었던" 화자에게, 새로운 "사랑학"을 일깨우고 지나간다. "갈피로 쌓였다가 사라지는 바람의 뒤태"를 지켜보는 시인의 "권태"는 늘어진 테이프 같은 부정적 의미의 권태이기 보다는, 그리움과 각성의  피안을 향하여 안테나를 세우고 있는 듯한 생산적인 권태로, 권태의 순간으로 읽혀져 온다. 생각의 바퀴벌레들이 내 몸을 향하여 우글부글 달려들어 올 때, 부지불식. 권태의 자리 쪽으로는 새로운 신세계가 도래하여도 좋을법하다. 어쩌면 우리들 모두는 "권태"의 상태일 때 무언가를 꿈꾼다. 언젠가 필자에게도 포도 한 알을 입 안에 넣고, 그 씨에서 싹이 돋아나 포도밭이 되기를 바랐던 "권태"의 비애가 지나갔던 적이 있었다. 벚나무 아래 정육점에 가면은, 혹, 두어 근의 권태를 끊어올 수도 있을런지.

O. L

> 그 속에서 영원히 돌아오지 않았으면, 결말이 나지 않는 이야기가 끝없이 이어졌으면, 정지된 화면 속에서 움직임이 거세된 니의 모습을 바라보며, 정지된다는 일은 한 편으론 무언가를 견디어 낸다는 방식의 또 다른 기법일 수도 있었다.
>
> -「꿈, 정지, 그리고」 후반

"북 페스티벌"이라는 특정의 공간 속에서 화자는 자꾸만 길을 잃는다. 사실 작금의 세상의 길들이 "미로"인 까닭이다. 미로들은 일정부분 폭력성을 내포하고 있다. 화자는, 아니 우리들은 "집"으로 돌아가기를 원하지만, 자꾸만 다른 책 속에(미로 속에) 내려주고 사라져 버린다. 시 속에서는 "택시"로 나타난 정체불명의 운전기사가 그것이다. 어쩌면 그것은 권력과 통제(표지가 검은 추리 소설)의 다른 이름일 수 있었다. 그리고 결국 우리들 모두가 "북 페스티벌" 안에서 자신을 지키거나 살아남는 방식은 "견딤"뿐임을 역설한다. 티브이와 신문과 정치와 권력들은 아침부터 저녁까지, 우리들 모두에게 견디라고 쫑알거린다. 마침내 화자는 "견딤"보다 "정지"(시의 후반부분)가 더 나을지도 모른다는 항거와 다름없는 시도를 감행해 보지만, 그것 역시 "견디"는 방식의 "또 다른 이름"이었음을 토로하게 된다. 이 시에서는 김수자 시인의 시를 통한 '참여의식'의 일단을 엿보게 해 주었다.

겉만 보고는 몰랐지요/ 몸통도 단단해 보이고/ 키도 훤칠하니 잎들도 널찍널찍
무수한 꽃송이들 피어나서/ 지난밤 폭우에도 끄덕없더라구요/ 마주칠 때마다 두근거리며 설레었지요

꼴깍 군침을 삼키며/은근히 기다렸지요/ 어서 빨리 자라거라/ 쏘옥 머리를 내밀던 날은 얼마나 흥분이 되던지/ 열심히 돌보고 영양제까지 주었지요

이게 웬일인지요?/처음엔 약간이나마 크는가 싶더니/ 몇 날이 지나도 그 모양 그 시늉인지라/ 아무리 채근해보아도 속

수무책/ 나중에는 아예 고개 숙인 채 자꾸/꼬부라들지 뭐예요

내 참, 기가 막혀서/ 그놈이, 날마다 정을 퍼부은 그놈이 말이지/ 겉모습 멀쩡하던 그놈이 말이지/ 알고 보니 꽈리 고추.

-「호호호」 전문

"호호호". 영락없는 반전의 시. 필자 역시 시를 쓰는 시인의 한 사람으로, 가장 최고봉의 시의 순간은 누가 무어라 해도 유쾌함과 웃음의 반전이 아닐까 생각해 보기도 하였다. 물론 웃음의 시학에도 등급은 있어서, 그 유쾌함의 포착과 시의 결실이 완전해 보일 때라야만 좋은 시라고 부를 수 있을 것이다. 그런 의미에서 김수자 시인의 "호호호"에는 나름대로의 "호호호"가 자리 잡고 있었다.

아래에 인용된 "불쑥"이라는 시는 시집의 표제시이기도 하다. 얼른 보면 소품처럼읽히기도 하지만, 이 시에서는 한편으로 김수자 시인의 시에 대한 직관을 보다 더 깊은 의미에서 엿볼 수 있게 하는 대목이 자리잡고 있다. 생의 양식들 모두가 "리허설"일지 모른다는 생각을 "불쑥" 전개하는 과정을 통해, "불쑥"은 누구나 한번쯤 그렇게 생각해 보았을 것 같은 공감의 자리가 마련하고 있는 중이다.

하루하루 사는 것이 모두 리허설일지 모른다는,
고단하고 쓸쓸한 상처의 시간들도 통증 같은 그리움의 날

들도

어쩌면 리허설이라는,
연초록 잎사귀를 흔드는 햇살의 음표였다가 바람의 옹이였다가
강 깊은 바닥이었다가 외롭게 흔들리는 풍경이었다가
의자에 남겨진 일분일초의 온기일 거라는
커피 잔에 남은 루즈자국일 거라는
마지막 한순간의 피날레를 위한 리허설일지 모른다는,
불쑥, 그럴거라는.

-「불쑥」 전문

오래 잠들어 있었다고
본능을 눌러놓고 오래 잠들어 있었다고

몸이 아프다고 신호를 보냈다는 건
아주 깊고 간절하고 사려 깊은 일이에요
어떤 몸은 의뭉스럽거나 깊이가 없어
끝끝내 신호를 보내주지 않는 적이 많아요
제 무덤에 저를 묻으면서도
제 몸조차 연민을 하지 않는 차가움도 있어요

하얗게 질린 어둠이 놀라
후닥닥 뛰쳐나간 흔적들이 많아
소문내지 말라고 꾹꾹 눌러둔 무거운 말들이 많아

나를 눌러, 오래 잠들어 있었다고.

-「고인돌-몸의 신호」 전문

언제부턴가 고인돌은 "돌무덤"이 아니라, 영역의 표식이거나 제의의 산물일지도 모른다는 학설이 있었던 것으로 알고 있다. 차치하고, 시인은 여기에서 고인돌을 통하여 "몸의 신호"라는 기발한 기호를 달았다. 무덤도 아니고 표식도 아닌, "몸"을 눌러 둔 상징물로 재현되는 시의 전개방식이 예사롭지 않아 보인다. "몸이 아프다고 신호를 보냈다는 건" 그것은 바로 "아주 깊고 간절하고 사려 깊은 일"이라고 그는 말한다. 개중엔 "의뭉한 몸"도 있고, "제 무덤에 저를 묻으면서도/ 제 몸 조차 연민을 하지 않는 차가"운 몸도 있다니, "소문 내지 말라고 꾹꾹 눌러둔 무거운 말들이 많아"서 "나를 눌러, 오래 잠들어"있는 중인, 어쩌면 시인 자신이 "고인돌"이었음을 선언하는 것 같았다.

그렇다. 저간의 고통과 삶의 감내가 김수자 시인에게 이런 시를 쓰도록 했음을, 아마도 여수의 벗들과 지인들은 알고도 남음이 있을 것 같다. 참상에 다름없는 파산의 경계를 길어 나온 시인은, 한 시절을 고스란히 고인돌로 견뎠음을 잠잠하게 들려준다.

오늘 아침 한 쪽 팔목의 인대가 늘어난 것을
까맣게 잊은 채 쌀자루를 불쑥 들어 올리다 말고
큰 낭패를 당했지요
찜질방에 찾아가 팔목에 열찜을 하다가
내친 김에 동전을 넣고 안마기 의자에 걸터앉았지요

꼭 움켜쥐고 놓아주지 않을 것 같은 불안감도 들었지만
사람 손보다 더 꼭꼭 집어 주물러주던 퍼지센서가
울퉁불퉁한 감정까지 추슬러 주는 것 같더군요

센서와 로봇들의 세상에 들어와 살면서
건망증 없는 기계들이야
알 턱이라곤 없겠지요

잊고 싶은 통증엔 건망증이 제격이지요.

-「건망증의 핑계」

건망증을 핑계로 자신의 실수를 커버하려는 경우들을 종종 보아왔다. "깜빡" 잊었노라 한다. 그런데 그 경우가 진실일 때도 거짓일 때도 있다. 하지만 대부분 모면을 위하여 건망증이 차용되고는 한다. 그런데 김수자 시인의 시 속에서의 장면은 오히려 역설적이다. "잊고 싶은 통증엔 건망증이 제격"이라는 발언이 읽는 이의 마음을 아프게 한다. 건망증을 핑계대고서라도 잊고 싶은 통증의 기억이라면, 그 아픔의 내용이 오죽하겠는가. "건망증"은 커녕 최소한의 인간적인 감정들을 거세시킨 저, 기계들과 하등 다를바 없는 '인간기계'들이야 물론 "알 턱이 없겠지"만.

고요한 숲 속의 정적/ 바스락/ 숨소리에도 나뭇잎이 흔들릴 것 같은/ 적막이 위태롭기까지 하다/ 빗방울이 하나 둘/ 잔잔한 수면 위로 떨어졌다/ 헛기침 같은 바람이 일렁이자/

무차별 쏟아져 내리던/ 여름날의 폭우 때처럼/ 호수는 금방 신열에 들끓어 올랐다/ 하나의 생각에 골똘하다보면/ 본질 밖에서 부풀어 오르기만 하여/ 감당할 수 없을 때가 있다/ 필요 이상의 거품으로/ 넘칠 때가 있다// 무심히 아무 일도 아니었다고/ 바람에 기대어 그냥 흔들리다가도/ 때론 빗방울 하나에도 들떠/ 밤을 온통 지새웠던 상사의 /기억이 있었다.

-「상사호에서」 전문

"하나의 생각에 골똘하다보면/ 본질 밖에서 부풀어 오르기만 하여/ 감당할 수 없을 때가 있다/ 필요 이상의 거품으로/ 넘칠 때가 있다." 내면의 사유를 가다듬어, 밖으로 내비쳐준 말과 글이, 이를테면 시적 전개의 한 방식이다. 그 말과 글에 더 넣거나 더 뺄 것이 없을 때라야, 그 지점이 바로 좋은 시 작품이다. 여기에 그 말과 글이 지나가고 난 다음 아스라한 여운이거나 파문이 일렁일 때. 그게 어쩌면 한 편의 명시가 태어난 순간이다. 거칠게나마 필자는 시에 대한 감식을 그런 잣대로 재기도 한다.

인용한 시행 정도라면, 명시의 반열에까지는 미치지 못하였는지 몰라도 더 이상 "넣거나 뺄' 말은 없어 보인다. 더구나 이 시는 결미에 와서 화룡점정을 찍었다. 상사호는 한자어 표기로는 알 수 없으나, 여수 인근에 소재한 호수의 이름 같은데, 상사(想思)라는 의미의 한자어를 절묘한 자리에 배치함으로써, 동음이어를 통한 시어의 맛을 배가하여 주고 있다.

가만히 '아내'라고 입술을 움직여보면/ 왜 그리도 가슴이 애틋해져 오는가/ 나도 가끔은 남편이 되고 싶다/ 아내라는 제목으로 시를 쓰기도 하는/ 낭만이 있는 남편이 되고 싶다// 오래 비운 집을 찾아가는/ 아내의 맨발을 내려다보는/ 접시꽃 당신이라는 말도 그럴듯해 보였지만/ 봉선화 연정이라고 철없이 흥얼거려보기도 하는// 옛집 같은 골목 끝의 마지막 집을/ 동네에서 제일 늦게 기어들어 가보는/ 풀꽃 같은 아내가 토끼 같은 자식에게/ 저를 뜯어 먹히다가 잠이 든// 슬프고 능력없는 남편이 되고 싶다/ 등 돌린 아내 곁에서/ 새우처럼 잠이 든 어쩔 땐/ 내가 차라리 남편이고 싶었던 적이 있었다.

-「나도 가끔 남편이 되고 싶다」 전문

이 시를 읽다가 그만 왈칵 목이 메이는 것 같았다. "슬프고 능력없는 남편이 되고 싶다"라는 대목도 그러했지만 "풀꽃 같은 아내가 토끼 같은 자식에게/ 저를 뜯어 먹히다가 잠이 든" 구절 때문이었다. 기실 우리들 모두는, 그 남편에 그 아내들이었다. 그 남편이 그 아내인 자신이었고, 그 아내가 그 남편인 자신들이었다. 필자인들 그 언젠가 "동네에서 제일 늦게 기어들어"갔던 남편이었던 적이 있었을 것이다. "토끼 같은 자식"은 물론이고, "풀꽃" 같은 아내가 저를 뜯기다가 "잠이 든" 그 고요와 적막의 시간 앞으로 귀가해 보았던 적이 있었을 것이다. 그 "아내"였던 김수자 시인은, 이제 와서 차라리 자신이, 제 곁으로 와서 "새우처럼 잠이 든" 어쩌면 자신보다 더 그 우물이 깊은 사람인지도 모를, 남편의 속내를 헤아려 보고 있다. 아, 이 시의 제목은 "나도 가끔은 남편이 되고 싶다"였다.

졸고를 마감해야 하는 지점에 와서, 시인인 자, 혹은 시인이고 싶었던 이의 "오래 견딘 몸의 후렴구"(고물, 안 삽니다)와도 같은 김수자 시인의 시 한 편을 놓아 주기로 한다.

그의 첫 시집의 상재를 진심으로 축하하며, 시인으로서의 그의 장도가 이후로도 오래 환한 날들이기를 빌어 주기로 한다. 이 밖에도 거론하고 싶었던 아름다운 가편들이 자리하고 있었지만 한정된 지면의 제약으로 다음 기회로 미루기로 하였다. 우의를 지닌 도반의 눈으로, 다시금 태어날 김수자 시인의 시들을 보다 명민한 눈길이 되어 살펴볼 작정이다. 김수자 시인의 첫 시집의 시들은 초롱하고 차분하고 아름다웠다.

한 번쯤 시가 되어
벌떡 일어섰으면 좋겠어요
새벽이면 저절로 일어 선다는
그것이 되어도 좋겠어요
그 시를 읽다가
그만 까무라쳐도 좋겠어요
그 시를 껴안고
남강이건 동강이건
훌쩍 몸을 던져도 좋겠어요.

-「詩」 전문

김수자 시집
불쑥

2014년 10월 20일 인쇄
2014년 10월 30일 발행

지은이 | 김 수 자
펴낸이 | 강 경 호
인쇄 · 기획 | 도서출판 시와사람
등록 | 1994년 6월 10일 제 05-01-0155호
주소 | 광주시 동구 백서로 125번길 32-5(금동)
전화 | (062)224-5319
팩스 | (062)225-5319
E-mail | jcapoet@hanmail.net

ISBN978-89-5665-410-2 03810

값 10,000원



공급처 ■ 한국출판협동조합
경기도 파주시 탄현면 오금리 202번지
주문전화 (02)716-5616, 070-7119-1740